INVENTAIRE
V 24,591

V
2654
E.2.54e.

2654.
Ed 54 e.

Ⓒ

24591

UN MOT

SUR LE

TABLEAU D'IPHIGÉNIE,

REFUSÉ PAR LE JURY DE PEINTURE, AU SALON DE 1824.

PAR J. P. DU PAVILLON.

> En exposant mon Tableau, je ne cherche point à savoir par quelles beautés il peut faire excuser ses défauts, mais par quels défauts il a pu mériter le rejet du Jury. (*Page 2.*)

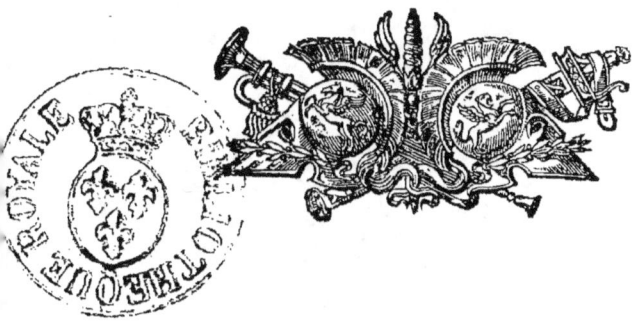

PARIS.

1824.

Le sujet de ce Tableau est trop connu pour qu'il soit besoin d'en donner une explication détaillée. Le Peintre s'est inspiré de divers passages de l'*Iphigénie* de Racine, et spécialement des scènes troisième et cinquième du cinquième acte de l'*Iphigénie* d'Euripide.

On aperçoit dans le fond Ulysse, entouré de gardes, attendant le moment de conduire la victime à l'autel.

UN MOT

SUR LE

TABLEAU D'IPHIGÉNIE.

Si j'ai pris de moi-même la résolution d'en appeler au Public du jugement du Jury de Peinture, en exposant mon Tableau d'Iphigénie, les conseils et le désir de quelques personnes, aussi honorablement connues par leur caractère que par leurs talens, ont pu seuls me déterminer à soumettre aux Artistes et à tous les amis des arts, les motifs dont s'appuie cette hasardeuse exposition. Je vais me servir d'une arme qui m'est presque absolument étrangère ; mais la bonté de ma cause aidera peut-être à mon impéritie.

Au sentiment de tous ceux qui, depuis quelques mois, avaient eu la bonté de visiter mon atelier, je suis frappé du rejet le plus arbitrairement injuste. Dois-je accepter les éloges dont ils veulent me soutenir contre l'arrêt du Jury ? non, sans doute. Mais, d'autre part, faut-il me soumettre sans murmure à cet arrêt ? non ; je ne le puis ni ne le dois. Il ne s'agit ici ni d'orgueil ni de fausse modestie : il s'agit de mon existence comme Artiste, de mon existence comme père et comme époux ; il s'agit de parer au coup affreux qui, sans les touchantes consolations et les conseils de l'amitié, m'allait frapper au cœur d'une si profonde blessure, que c'en était fait de mon état ; il s'agit, enfin, de défendre une cause qui n'est pas seulement la mienne, mais celle de tous les Artistes.

En exposant mon tableau d'Iphigénie, je ne cherche donc point à savoir par quelles beautés il peut faire excuser ses défauts, mais par quels défauts il a pu mériter le rejet du Jury. Est-il assez absurdement mauvais pour avoir été, avec raison, repoussé du Musée? C'est là qu'est toute la question, et je la soumets au public; s'il approuve le Jury, je dois briser mes pinceaux; s'il le condamne, je me trouve suffisamment vengé d'une révoltante injustice.

Mais si ce n'est point l'extrême faiblesse de mon ouvrage qui a pu en déterminer le rejet, quelle est donc la cause du déni de justice dont on l'a frappé?

Le jour de l'ouverture du Musée, lorsque je cherchais en vain le coin modeste où mon tableau devait être relégué, et que le livret m'eut confirmé la triste vérité, dans le premier mouvement de ma douleur je voulus savoir sur-le-champ pour quels motifs on ne m'avait désigné que comme auteur de trois portraits.

Mes Grecs avaient-ils paru trop ridicules au Jury? Mais on peut admettre sans trop de honte le tableau d'un peintre dont les portraits prouvent qu'il connaît au moins les premiers élémens de son art.

Était-ce faute de place? Mais j'en voyais beaucoup de vides; et mon tableau n'est pas d'une dimension telle qu'il ait fallu opter entre ses huit pieds de haut et ses dix pieds de large, et d'autres ouvrages.

Offrait-il quelque allusion politique? Aucune.

En accusait-on le nu? M. Quatremère de Quincy, je le sais, a de l'horreur pour les nudités; mais M. Quatremère de Quincy ne forme pas le Jury à lui tout seul; et sans entrer dans une discussion qu'ont résolue les anciens, et, de nos jours, notre grand David et ses illustres disciples, je voyais autour de moi une foule de pages où le nu s'étalait sous toutes les formes.

Enfin, après avoir bien cherché, un artiste de mes amis accourut me répéter ce qu'il venait d'entendre dire. Ce motif de rejet me paraît tellement absurde, qu'après y avoir bien réfléchi, j'ai peine encore à y croire.

Le Jury avait fermé la porte du Musée à mon tableau parce qu'il offrait des réminiscences de David.

Des réminiscences de David! mais ce serait presque un éloge que je recevrais du Jury : car le Jury n'a pas dit, *une copie de David,* mais des *réminiscences.* Or, un tableau n'est pas comme un ouvrage de poésie, où un vers, où une expression empruntée, où une *réminiscence* enfin, est un bon et vrai plagiat positif, et le plus aisé du monde à commettre. Il ne s'agit pas, dans un tableau, pour constater la réminiscence, d'avoir offert, dans l'un de ses personnages, à-peu-près la même pose que celle d'une figure connue; il faut encore en rappeler le trait, la couleur, l'expression; toutes choses très-faciles à imiter, comme l'on sait, surtout lorsqu'il s'agit de M. David. Si l'imitation va plus loin, c'est une copie; et quel impudent écolier aurait l'audace d'aller offrir à des juges aussi instruits que les membres du Jury, une copie pour une œuvre originale sortie de ses doigts et de son cerveau? Si un tableau tel que le mien, fait loin des yeux du maître, ne rappelle, comme il n'est que trop vrai, ni son dessin si noble et si pur, ni ce grand goût de l'antique, ni cette couleur si savante, où sont les réminisences ? S'il les rappelle, quel éloge ! Car, en admettant que cela soit dans mon tableau, nommera-t-on *réminiscence* une pose à-peu-près semblable ? Eh, bon Dieu ! où en seraient les peintres, et j'adjure ici les chefs même de l'École, si leur gloire dépendait de quelques imitations de cette espèce ? Combien de tableaux, de tableaux de style surtout, où les poses sont beaucoup moins variées que dans tout autre genre, n'offrent-ils pas entre eux, sous ce rapport, quelque point de ressemblance ?

Enfin, en jetant un rapide coup-d'œil sur mon ouvrage, le Jury m'a-t-il reproché d'avoir cherché à imiter la manière du grand maître dont je fus, dont je suis encore un des plus faibles, comme un des plus fidèles disciples ? Imiter la manière de M. David, c'est imiter la belle nature; c'est avoir fait un grand pas dans la connaissance de l'art; c'est même n'être pas imitateur, car M. David n'a pas de manière; c'est être sur la route du beau et du vrai. Qu'on juge donc si le Jury a pensé à m'accorder un tel éloge, et moi à le recevoir ! Qu'a-t-il donc voulu dire par ses *réminiscences de David ?*

Ah ! l'on accuse mon Achille de *ressembler au Romulus !*

Répondons à ce reproche.

Il y a à-peu-près deux ans, lorsque je travaillais encore auprès de M. David, à Bruxelles, que je conçus l'idée du tableau d'*Iphigénie*. J'en traçai l'esquisse, et je la soumis au jugement du grand maître. Il eut la bonté d'en approuver la composition, et me donna quelques conseils, dont je me suis sans doute trop peu souvenu, lorsque j'entrepris le tableau que je ne commençai qu'à Paris, six mois après mon départ de Bruxelles. Ma figure d'Achille était sur l'esquisse telle absolument qu'on la voit sur le tableau. Je n'ai rien changé à la pose. Croit-on, s'il était vrai en effet qu'elle ressemblât au Romulus, que M. David ne m'eût pas dit avec sa franchise accoutumée : « Ne vous gênez » pas, mon ami; vous ne copiez pas mal. C'est mon » Romulus ! » Bien loin de faire cette remarque, ce fut la figure que ce grand homme daigna approuver le plus.

Rien dans l'Achille, en effet, ne rappelle l'admirable Romulus. Ce n'est ni le casque, ni la tête, ni le mouvement des bras, ni celui des jambes; ce sont deux figures vues de dos, voilà tout.... Oui, sans doute, voilà tout; car, en vérité, je rougis d'insister plus long-temps sur cette ressemblance, et j'en demande bien sincèrement pardon à mon illustre maître, ainsi qu'aux artistes qui doivent souffrir pour moi, en me voyant forcé de soutenir quelques instans une discussion si choquante.

Quoi qu'il en soit, le Jury, en refusant mon tableau, n'a pas voulu me faire un compliment; voilà qui est bien certain; et, pour ne plus revenir sur ce sujet, s'il est aussi certain qu'il ait motivé son refus sur des *réminiscences de David,* en lui accordant que ces réminiscences existent, je dirai qu'il fallait laisser au public le soin d'en faire la remarque, et qu'il doit suffire au Jury qu'un tableau n'offre rien de trop absurde ni de trop choquant, pour qu'il ait l'obligation d'en ordonner l'exposition.

Il semblerait vraiment, à entendre dans la société quelques personnes, que l'exposition des tableaux des peintres vivans au Musée ne soit qu'une affaire de divertissement et de plaisir qui ne regarde que le public; et à voir avec quelle légèreté le Jury porte ses arrêts, on est porté à croire qu'il partage cette opinion, et qu'il lui importe fort peu que l'existence de tel ou tel artiste soit compromise. La fortune de chacun de ses membres est faite.... Il y a vingt ou trente ans, quelques-uns d'entre eux, luttant contre une honorable pauvreté, préparaient à grande peine leurs succès futurs; nul ami des arts ne daignait encourager leurs essais; les artistes seuls soutinrent les artistes, et développèrent le germe de quelques talens qui depuis ont honoré la France : alors ces peintres qui maintenant nagent dans l'opulence, comprenaient dans toute sa noble, mais pénible exigence, le sort d'un pauvre artiste qui n'a que ses pinceaux pour vivre, et que l'espoir de quelques encouragemens pour guider ses pinceaux; alors leur indignation se serait soulevée contre le maître dont l'humiliant dédain aurait voulu les arrêter dès l'entrée de la carrière; alors, ennemis de l'arbitraire, ils se seraient fait gloire de soutenir à leur tour leurs jeunes collègues, et d'abandonner à leurs faux et vains syllogismes, à leurs préceptes emperruqués, les jugeurs d'athénée et les raisonneurs d'académie, tous grands enfileurs de paroles, phrasiers perpétuels, qui ressassent et entassent et empilent et compilent tout ce qu'on a dit avant eux, et qui ne savent pas même tenir un crayon.

Et qu'on n'aille pas croire que je m'échauffe ici seulement dans ma propre et privée cause. La question que j'élève regarde l'art et les artistes en général. Grâce au ciel, je n'en suis pas réduit à solliciter la compassion de mes juges.

Mais supposons qu'au lieu d'un état de fortune très-borné sans doute, tel qu'est le mien, mais à-peu-près suffisant avec de l'économie et du travail, je n'eusse absolument pour vivre que le fruit de mes travaux de cette année; supposons que, faute de ressources, il m'eût été absolument impossible d'en appeler au jugement du public du jugement du jury; supposons enfin que j'eusse fondé la vente de mon *Iphigénie* sur son exposition; cette exposition n'ayant pas lieu, que devenait mon espoir? Que devenaient mon sort, mon pain, le pain de ma famille, surtout après les dépenses très-fortes où entraîne, comme chacun sait, l'exécution d'un grand tableau? Non, l'on ne se joue pas ainsi de l'existence d'un citoyen. Quoi! pour tous des lois positives, et pour nous l'arbitraire! Est-ce après vingt ans de travaux qu'on doit traiter un artiste comme un écolier admis ou rejeté du concours général des colléges de Paris, selon la bonté de ses thèmes et de ses versions de l'année? Eh! Messieurs les membres du Jury, gardez pour vous la gloire, et admettez à ce partage d'honneurs, qui vous sont si légitimement dus, ceux de vos élèves ou des pensionnaires de Rome qui marchent sous votre protectorat! qui vous dispute ce droit? mais ne nous empêchez pas à nous, pauvres soldats, d'escorter votre char de triomphe, et de vous accompagner au moins jusqu'aux pieds des marches du Capitole. Loin du salon, où vous brillez d'un si vif éclat, de modestes réduits nous sont offerts tous les deux ans; c'est le seul moyen de nous faire un peu connaître, et par conséquent d'obtenir peut-être quelques travaux. Pouvez-vous nous ravir ainsi toute espérance? Un homme de lettres publie un livre, et quinze cents exemplaires répètent son nom. Un peintre n'a qu'une épreuve de son ouvrage, et si le Musée lui est fermé, pour lui tout est mort, succès, gloire, public et crédit. Qu'on refuse l'entrée du Musée à des tableaux dont le sujet peut déplaire au gouvernement, c'est une affaire de police en dehors de l'art; qu'on repousse des sujets dont l'indécence blesserait la morale publique, je le conçois; et c'est sans doute pour ces deux motifs avant tout que le Jury de peinture a été institué. Mais de grâce, Messieurs, dites-moi quel zèle pour les plaisirs du public vous fait si brusquement décider du mérite de deux à trois mille pages qu'il faudrait au moins un an pour bien examiner, et vous porte à froisser avec une brusquerie si dure et si tranchante les intérêts de malheureux artistes qui, en demandant l'entrée du Musée, n'exigent qu'un droit qui semble en quelque sorte attaché à l'état qu'ils professent? Eh! souffrez que le public qui vous juge, nous juge aussi, et décide sans appel quel est le bon et le mauvais.

Mais, me dira-t-on, pour l'honneur même du plus beau temple des arts qui soit dans l'univers, on ne doit pas tout admettre. Il est des pages d'une faiblesse telle...
— J'entends, j'entends; et je réponds d'abord qu'il est bien difficile, pour ne pas dire impossible, qu'un artiste qui a fait ses études sous un maître de l'école, présente au Musée un tableau totalement ridicule. Ensuite un mot, Messieurs les membres du Jury. Vous n'avez pas la prétention de n'offrir au public que des Girodet, des Gros, des Gérard, et d'autres noms, jeune espoir de notre peinture. Il y a bien à la queue de votre liste quelques infortunés obscurs qui servent

d'ombres à nos maîtres et à leurs brillans élèves.
Vous les avez admis cependant, bien persuadés qu'on
ne peut pas compter au Musée que des chefs-d'œuvre.
En admettre seulement cent, c'est violer le principe :
on peut en recevoir mille; il ne s'agit plus que du plus
ou moins mauvais, et, ma foi, cela ne vaut pas la
peine d'y penser; mais surtout il ne s'agit plus que de
la place. Est-ce là que gît la difficulté?

Quel emplacement, direz-vous, suffirait à contenir
toutes les pages envoyées au Musée?

Cela ne regarde pas les artistes. C'est à vous, protecteurs des arts et de la classe intéressante qui les cultive, à trouver moyen d'accorder à leurs efforts, à leurs besoins, le seul encouragement public qui leur soit offert. Commencez par préférer les nationaux aux étrangers; au lieu de recevoir vingt, trente, quarante pages du même auteur, fixez le nombre que chaque peintre devra exposer; et tout le monde pourra trouver place. Lorsque sur un vaisseau la faim vient à se faire sentir, on ne commence pas par jeter à la mer la moitié de l'équipage, afin de nourrir largement l'autre moitié : capitaine, matelots, passagers, tous sont mis à la demi-ration.

J'ai parlé des étrangers. Quand j'ai vu que quinze ou vingt tableaux anglais s'étalaient à l'exposition, j'avoue que ce fut le trait le plus poignant pour mon cœur. Humilié, vexé, découragé, offensé non plus seulement dans mon amour-propre, mais dans mon orgueil national, je baissai la tête, et je sentis quelques larmes bien brûlantes, bien amères, rouler dans mes yeux. « Voyez, disait fièrement à côté de moi un vieil individu à perruque blonde et à voix nasillarde, voyez!

les arts sont cosmopolites!... » Hélas! oui; cela se peut bien : mais les artistes ne devraient pas l'être; et il est bien cruel pour un Français de se voir, dans sa propre patrie, chassé de sa place par un Anglais. Il n'en serait pas ainsi à Londres, dussent nos Gérard, nos Gros, nos Watelet, nos Bertin, nos Bouton et nos Daguerre l'emporter cent fois aux yeux des Anglais eux-mêmes sur leur admirable sir Thomas et sur tous ses collègues de la Tamise.

O Français! quand vous lasserez-vous donc de choyer ainsi les gloires étrangères au détriment de vos propres gloires! quand vous lasserez-vous....

— Quand vous lasserez-vous, peintre malencontreux, d'épuiser votre rhétorique à vouloir persuader au Jury, ainsi qu'à vos lecteurs, qu'on a eu tort, cent fois tort, de refuser à votre tableau l'entrée du Musée? Votre tableau (ne vous fâchez pas!) offre des réminiscences de M. David? fort bien : votre Achille (ne riez pas!) est le Romulus trait pour trait? à merveille : la tête de votre Agamemnon (ne vous étonnez pas! car vous savez, à ne citer M. Girodet et M. Dupaty le sculpteur, qu'aucun de nos artistes ne s'est inspiré de l'antique); la tête de votre Agamemnon est la tête du Jupiter, quoiqu'elle ait été faite sur celle d'un de vos amis? c'est au mieux, et voilà de bien puissantes raisons pour trouver votre tableau détestable. Mais tout mauvais qu'il soit, il n'aurait pas été repoussé si vous aviez su vous conduire.

Soignez peu votre ouvrage et beaucoup vos succès.
Il fallait faire des visites.

— Des visites! eh! pourquoi.....

— Et établir avec tous les membres du Jury une correspondance suivie.

— Une correspondance!...

— O peintre sauvage! oui, une correspondance et des visites. *Vexat censura colombas;* ce qui veut dire en français, que celui qui n'écrit pas de lettres et et qui ne fait pas de visites est oublié.

— Vous plaisantez! pourrez-vous me faire croire que tant de jeunes et heureux talens aient eu besoin...

— Ceux-là, non sans doute; mais quand on n'est pas du nombre des jeunes et heureux talens, on écrit des lettres, on fait des visites, on a des recommandations, des protecteurs, et on passe.

— Je ne m'avilirai jamais....

— Oh! oh! de l'orgueil? Allons, allons, vous êtes plus artiste que je ne croyais. Eh! bien, mon pauvre et fier enfant de la toile et de la brosse, cet orgueil sera bientôt mis à une rude épreuve. D'abord, votre école de David, à toute force on n'en veut plus.

— On n'en veut plus? qui vous l'a dit?

— Monsieur un tel et monsieur un tel.

— Et le public?

— Le public! eh! l'on s'occupe bien du goût du public! il s'agit bien du public dans ces sortes d'affaires! Le public!... deux ou trois grands jugeurs crient à tue-tête, dans les salons, dans les cafés, au Musée, aux ateliers, dans les rues, dans les journaux, dans les brochures, que tel genre vaut mieux que tel autre, que, depuis trente ans on n'a admiré que des sottises, et nos honnêtes Parisiens vont répétant les cris des jugeurs, sans s'informer qui a tort ou raison. En France tout est de mode, et les absens ont toujours tort. Le public!... vous imaginez-vous qu'on ira le consulter, votre public, pour rétablir l'ancienne Académie de peinture?

— Rétablir l'ancienne Académie! que me dites-vous là?

— La vérité. Eh! vous vous étonnez de tout! Oui, l'ancienne Académie va renaître dans toute sa splendeur.

— Taisez-vous!

— Quelques peintres privilégiés auront seuls le droit d'exploiter au Musée l'admiration publique...

— Taisez-vous, vous dis-je!

— Et déjà l'on se propose de mettre cette inscription au-dessus de la porte d'entrée :

Nul n'aura de talens hors nous et nos amis.

— Je ne puis ni ne veux vous croire. On a trop compris les abus de ce honteux monopole, non moins funeste aux arts qu'aux artistes, qui tous ne peuvent prospérer et grandir que dans l'indépendance. Mais enfin, en raisonnant par impossible, si nous voyions reparaître ce régime étrange, nous serions presque tentés de nous en consoler, nous autres tristes enfans de Saint-Luc, exilés du temple des arts; car du moins, il faudrait l'espérer, on nous rendrait le jour de la *Fête-Dieu* et la *place Dauphine*.

De l'Imprimerie de J. MAC CARTHY, rue des Petites-Ecuries, n° 47.